RÉPONSE DRÔLE

AU

DRÔLE DE MÉMOIRE

DE

M. MADROLLE,

ET A QUELQUES AUTRES

GENS DRÔLES;

PAR M. LE BARON DE C. D.

Prix : 75 centimes.

A PARIS,

CHEZ LES LIBRAIRES DU PALAIS-ROYAL.

1830.

RÉPONSE DRÔLE

A QUELQUES GENS DRÔLES,

ET PARTICULIÈREMENT

A M. MADROLLE.

A vrai dire, les Français sont un drôle de peuple, aujourd'hui drôlement gouverné par de drôles de ministres !.... Le plus drôle de l'affaire, c'est de voir M. Cottu. qui est sans contredit le plus drôle..... de corps que l'on connaisse, avancer et soutenir que les journalistes sont tous des drôles, beaucoup plus drôles que lui. Pardieu ! c'est aussi par trop de modestie ! car, je vous prie, qu'y a-t-il au monde de plus drôle que les drolatiques élucubrations de ce drôle de publiciste ?

Toutefois, ne nous p aig ons pas : car la drôlerie, aujourd'hui si fort en vogue, est chose tout-à-fait amusante et bénigne; pour moi, j'en ris quelquefois à me tenir les côtés; et le rire est si bon !.....

Que vous semble, par exemple, de l'auteur du système des compensations, songe-creux de son naturel, et philosophe de son métier, lequel, dans de longues épîtres au Roi, nous apprend que le gouvernement représentatif n'est qu'un vaste foyer d'incendie, et déclare, avec un sang froid imperturbable, qu'il n'est plus de salut pour la monarchie, si le petit-fils d'Henri IV ne s'empresse d'éteindre le feu (1).

Ainsi, le peuple, les chambres, la liberté de la presse, tout cela, selon le philosophe, est chose essentiellement inflammable et combustible.

— Et les ministres, mon cher philosophe ?

— Machines hydrauliques, mon cher monsieur !

— Machines soit !... Et l'armée ?

— Machine hydraulique.

— Et la marine ?

— Machine hydraulique.... j'oserai même dire essentiellement hydraulique.

— Ah, ah !... j'en suis, ma foi, charmé !.....

______

(1) *Voyez* Lettres au Roi, par M. Azaïs.

Et la police?... et les gendarmes, et la congré-
gation, et la camarilla ?

— Machines ! machines ! machines !.... plus
ou moins hydrauliques, à la vérité, mais toujours
machines, essentiellement machines !.... Et je le
répète, c'est avec leur aide que l'on pourra sauver
la France, en éteignant l'incendie constitution-
nel qui menace de la détruire.

— Parbleu, mon cher philosophe, voilà qui
est admirable !

Et c'est un beau spectacle à ravir la pensée,
Que cette France en feu, de pompes hérissée!

Pourtant, il me vient une idée....

— Voyons.

— C'est qu'avec un si grand nombre de machines, en voulant sauver la France du feu, on
ne finît par la noyer. Quelques philosophes, je le
sais, pourraient bien se sauver à la nage ; mais
les ministres, mon cher penseur, les ministres
n'ont-ils pas un cœur d'acier, un front d'airain,
et un cul de plomb? et croyez-vous qu'ils se sauvent
aisément du naufrage avec cela ? Et puis, quand
à force de pomper, on aura détruit les chambres,
la presse, la liberté individuelle, etc., que mettra-
t-on en place ?....

A cette question le philosophe ne répond que
bien vaguement ; mais voici venir l'honnête et

énergique M. Madrolle qui, certainement, n'est
pas le moins drôle de la bande, et qui, fier
comme Artaban, s'écrie : « Ce que l'on mettra ?..
RIEN ! ! !... (1). Rien, vous dis-je ; car, à l'ex-
ception des machines ci-dessus mentionnées, qu'y
a-t-il de bon en France ? » Nous ne voulons point
de « ces robins qui, accoutumés à douter de tout,
» mettent en question le Roi et Dieu lui-même ;
» ni de ces juges qui, n'ayant rien à craindre du
» ministère, et beaucoup à obtenir du peuple,
» rendent des arrêts à l'un et des services à l'autre ;
» ni de ces banquiers somptueux et présomptueux
» qui, n'ayant que de l'or, veulent à tout prix
» avoir des honneurs ; ni de ces journalistes qui,
» sans autre mission que celle de leur orgueil,
» prétendent arriver, par la domination de la
» pensée, à la tyrannie des gouvernemens ; ni de
» ces faux frères, apostats du royalisme, et même
» de la religion, qui les déchirent d'autant mieux
» qu'ils les connaissent, et qu'ils en sont connus
» davantage. »

Eh ! vite, à la pompe, grand et savant auteur
des compensations !... noyez, noyez tout cela sans
miséricorde ! et, en dépit de votre titre de philosophe, il y aura pour vous indulgences plénières ;
et surtout n'allez pas vous montrer sensible aux
plaintes ; car, ainsi que le dit encore cet infini-

______

(1) Mémoire au Conseil, par M. Madrolle et Comp^e.

ment drôle M. Madrolle , « de quel droit le
» commerçant qui ne sait que compter et multi-
» plier ; l'agriculteur qui ne sait que transformer
» la matière ; l'avocat et le juge qui savent tout
» au plus entendre ou appliquer, et qui ont si
» souvent l'art funeste d'éluder les meilleures
» lois, quand elles sont promulguées ; l'homme
» de lettres ou le journaliste qui ne savent que
» des mots et des erreurs : de quel droit tous ces
» gens là viendraient-ils se plaindre ? (1). »

O Cottu, Azaïs, Bonald, Auguste Hus, et
vous tous, écrivains si drôles, humiliez-vous !..
A genoux, chétifs ! à genoux, à genoux devant
le grand , l'excessivement grand , l'immense
Madrolle !... Devant ce génie transcendant, qui,
le premier, a découvert que nos tribunaux ne
font que des BÊTISES , et que la *cour royale*
est une convention au petit-pied,

Pourtant, ô grand Madrolle , je soupçonne
que vous vous êtes trompé, lorsqu'à cette question, *que mettra-t-on en place,* vous avez ré-
pondu RIEN ; vous vouliez dire, j'en suis sûr,
nous y mettrons le ministère Polignac. Vous
répliquerez peut-être que RIEN ou le MINIS-
TERE POLIGNAC , c'est absolument la même
chose. A parler franc, ce fut d'abord mon opi-

---

(1) Mémoire déjà cité.

nion aussi ; mais j'en changeai bientôt, et voic¹ comment.

C'était le 9 août de l'an de grâce 1829 ; je venais de lire dans *le Moniteur* l'ordonnance portant que, nous pauvres diables, matière imposable et corvéable à merci et miséricorde, formant un tout vulgairement appelé *peuple*, serions dorénavant à la dévotion de l'entreprise ministérielle, établie sous la raison Polignac et compagnie.

« Vraiment, m'écriai-je après avoir lu, je paierai comme par le passé, attendu que garnisaires, cédules, recors et saisies ne furent onc de mon goût ; mais je veux pourtant savoir quels sont ces nouveaux venus chargés, par ordre exprès de manger et faire manger gaillardement les beaux et bons écus frappés au coin du prince, qui à si grande peine arrivent jusqu'à mon escarcelle. Nous voici sous le ministère Polignac, à la bonne heure ; mais qu'est-ce que le ministère Polignac ? Cela appartient-il à l'un des trois règnes de la nature ?

—Eh, eh ! me répondit un voisin, grand amateur d'histoire naturelle, cela est douteux. D'abord, c'est une chose trop fragile, pour que l'on puisse la ranger dans le *minéral*, et quoiqu'il soit bien reconnu que ce n'est pas un *vé-*

gétal, il n'est pourtant pas certain que ce soit un *animal.*

— Mais alors qu'est-ce donc ?

— Après y avoir beaucoup pensé, des savans se sont mis en tête que ce pourrait bien être une espèce de polype ; mais un immense polype, un polype comme on n'en voit guère, comme on n'en voit pas, comme on n'en a jamais vu ; un polype, dont la tête serait en Angleterre, le cœur à Rome, et les infiniment petits membres au faubourg Saint-Germain.

Notez bien que c'était là dire de savant, et de savant, non de la force de l'honorable M. Cuvier, lequel a fabriqué tant et de si belles bêtes, dont avant lui on n'avait pas l'idée ; mais bien plutôt de la force de M. Geoffroy-Saint-Hilaire, qui a fait à l'Académie des sciences de si beaux rapports sur les monstres.

Pourtant, ô grand Madrolle ! à Dieu ne plaise que je m'avise de chicaner sur les mots un homme de votre étoffe ! Ainsi je me disais : le ministère Polignac *n'est rien, ou presque rien,* et je croyais ainsi avoir tout concilié ; mais ne voilà-t-il pas que j'arrive à ce passage de votre sublime mémoire, où le prince romain est qualifié de grand homme !... En vérité, je vous le dis, les bras me sont tombés, et je me suis, à plusieurs reprises, frotté les yeux pour m'assurer que je ne rêvais point..... Encore, si, comme Platon-Azaïs, vous vous en étiez tenu aux machines hydrauliques, si vous aviez avancé que ce ministère est une grande, une superbe machine, envoyée de Londres par le paquebot!..... Mais non, il y a bien *grand homme*!.... Le ministre Jules grand homme, en toutes lettres! Voilà qui confond l'intelligence humaine!..... Mais enfin, vous l'avez dit, vous l'avez écrit, vous l'avez imprimé, et c'est trois fois plus qu'il n'en faut pour faire un géant d'un pygmée. Le ministère Polignac sauvera la France, dites-vous encore; sans doute, il la sauvera. Et pourquoi ne la sauverait-il pas? Je me rappelle un temps où la France était régulièrement sauvée quatorze fois en quinze jours, et je ne vois pas pourquoi ce bon temps-là ne reviendrait point, d'autant plus que vous et les vôtres ne négligerez absolument rien pour le ramener. Il la sauvera, vous dis-je, il l'arrachera des mains de cet infâme comité-directeur, et ce comité antropophage sera appréhendé au corps; et M. Guernon le fera mettre en cage; et ces infâmes libéraux en crèveront de rage; et ils ne l'auront pas volé, car il est certain, ainsi que le disait si poétiquement M. le ministre de l'instruction publique, qu'il ne tenait qu'à eux

De servir les Bourbons
Sous le duc*que* d'Aumont!

Et lui aussi il a sauvé la France ce grand *ducque* d'Aumont !... Il y a plus : je me suis laissé dire qu'il la sauvait tous les jours dans son hôtel de la rue Plumet ; de même que dans la rue de Jérusalem, l'illustre M. Mangin la sauve toutes les nuits, au moyen de patrouilles grises, fines mouches, bonnes oreilles, etc.

Mais que sont tous ces gens auprès de vous, révérend père Madrolle ?... vous êtes l'astre autour duquel tournent tous ces satellites ; vous êtes le soleil de cet univers ministériel ; vous êtes le dieu de la camarilla, et vous serez le sauveur du pouvoir absolu. Dieu, ainsi que vous le dites encore, « Dieu accorda toujours le salut de l'État à un » seul homme, sujet ou non, mais à un grand » homme, c'est-à-dire à un homme de foi ; et, » pour ne vous rappeler que des exemples pris au » milieu de nous, Richelieu seul réprima les » grands ; Mazarin seul, le parlement ; Fleury » seul, les philosophes ; le grand Maupeou seul, » retira un moment la couronne du greffe ; M. de » Villèle seul a failli sauver la France (1). »

Mais, encore une fois, ô père Madrolle, si drôle ! que sont, auprès de vous, tous ces gens-là ? Richelieu ne fut grand que parce que Louis XIII fut petit ; Mazarin avait la faiblesse

____

(1) Mémoire au Conseil.

de laisser chanter les mécontens ; si Fleury envoya les philosophes à la Bastille, les philosophes se moquèrent de Feury ; Maupeou ne retira la couronne du greffe que pour la laisser tomber dans la boue ; et quant à M. de Villèle, cette illustre *candello*, ainsi que l'appelaient ses compatriotes gascons ; eh bien ! cette illustre chandelle finit par prendre feu des deux bouts ; et,

> Chandelle elle vécut
> Ce que vit la chandelle,
> L'espace d'une nuit !.....

Nuit bien longue, il est vrai, mais dont l'astre pâlit néanmoins devant les premiers rayons du libéralisme.

Mais, encore un coup, révérend père Madrolle, si drôle, que sont auprès de vous tous ces gens-là ?... En vérité, en vérité, je vous le dis ; le Cottu et l'Azaïs passeront ; mais le Madrolle ne passera point !... Il ne passera point, car il a pour lui le manioc et la baliste de M. Sallabery, le galoubet de M. de Puymaurin, le fusil de M. de Genoude, et les cuirs de M. de Mayrinhac.

Sur ce, immense Madrolle, si drôle, ayez confiance, et poursuivez votre bouillante carrière, *ad majorem camarillæ gloriam!* AMEN.

PARIS.—IMPRIMERIE DE FÉLIX LOCQUIN,
Rue Notre-Dame-des-Victoires, n°. 16.

OUVRAGES EN VENTE

VÉRITABLE MÉDECINE SANS MÉDECIN, ou Sciences médicales, mises à la portée de toutes les classes de la société ; vrai code de santé, dans lequel les symptômes des maladies sont clairement exposés, ainsi que les moyens les plus simples et les plus faciles de s'en préserver et de s'en guérir de sa propre main, d'après les plus savans et les plus célèbres médecins ; par Morel de Rubempré, docteur médecin de la Faculté de Paris, membre de plusieurs sociétés savantes, etc.; 6e édition, revue, corrigée et augmentée. Un fort volume in-8°, d'environ six cents pages, orné du portrait de l'auteur, de celui des plus célèbres médecins. Prix : 6 fr. et 8 fr., franc de port. Le même ouvrage, 1 vol. in-12 de près de douze cents pages. Prix : 7 fr. et 9. fr., franc de port.

LES SECRETS DE LA GÉNÉRATION, ou l'Art de procréer à volonté des filles ou des garçons, de les douer d'esprit en les procréant, et de les avoir beaux, sains et robustes ; précédé de la description des parties naturelles de l'homme et de la femme, avec l'indication de l'usage particulier de chacune d'elles, terminé par l'exposition des moyens les plus propres à se conserver une grande puissance en amour jusqu'à l'âge le plus avancé; par Morel de Rubempré, docteur médecin de la Faculté de médecine de Paris, 1 fort vol. in-18 avec gravure, Prix ; 3 fr. 50 c. et 4 fr., franc de port.

Le Lavater des Tempéramens et des Constitutions, ou l'Art de les bien distinguer, par des signes infaillibles auxquels toute personne pourra reconnaître si elle est douée d'un tempérament sanguin, nerveux, bilieux, mélancolique, musculaire, lympathique, érotique ou amoureux, etc.; les changemens remarquables que chacnn de ces états fait naître dans le physique et le moral; les préceptes d'hygiène qu'il est important d'observer pour éviter les maladies auxquelles prédispose la nature de chacun d'eux, ainsi que de l'âge, de la constitution, du sexe, das habitudes et autres dispositions particulières; enfin, le régime de vie le plus propre à les améliorer; par Morel de Rubempré, docteur médecin de la Faculté de Paris, auteur de plusieurs ouvrages. 1 fort vol. in-18; prix : 2 fr. 5o c. e. 3 fr.; franc de port.

La Médecine de Vénus *sans Médecin*, ou l'Art de se guérir soi-même de toutes les espèces de syphilis ou maladies ses crètes de l'amour, par des moyens doux, sûrs et aussi infaillibles que peu coûteux, sans se déranger de ses affaire. et même en voyageant. 2e édition, entièrement refondue et plus à la portée des gens du monde que la précédente; par Morel de Rubempré. 1 fort vol. in-18. Prix : 2 fr. et 2 fr- 5o c., franc de port.

Histoire abrégée de Paris, depuis son origine jusqu'à nos jours, d'après St-Foix, Mercier, Jouy, Dulaure et autres, par Léonor et Eugène de Monglave. 2 fort volumes in-18 bien imprimés. Prix : 7 fr. et 8 fr. 5o c., franc de port. Cet ouvrage, très important, fait connaître Paris depuis son origine jusqu'à nos jours. Les auteurs n'ont omis aucuns des faits qui ont été consignés dans des ouvrages beaucoup plus volumineux.

Biographie *nouvelle et complette des Pairs de France*, comprenant les 76 de la nomination du 19 novembre 1827 et leurs adresses à Paris; publiée par Achille Roche, sténographe de la Chambre des Députés. 1 fort vol. in-18. Prix : 3 fr. et 3 fr. 5o c., franc de port.

LETTRE D'UN DÉSERTEUR AU COMTE DE BOURMONT. Prix : 75 c.

RÉPONSE DE BOURMONT AU DÉSERTEUR DE WATERLOO. Prix .
75 cent.

L'ORAGE POLITIQUE, complainte sur le ministère Polignac et
compagnie. Prix : 50 cent.